Ka Wiki o Mia ma Ka Wai Ola

'O ka mea e mana'o ai ma kahi ho'omoana kauwela

Hawaiian

Marcy Schaaf

Mia's Week at
Camp Living Waters

What to expect at summer camp
Marcy Schaaf

Introduction:

Welcome to Camp Living Waters, a place where summer dreams come true and adventures are waiting just around the corner! Join Mia as she embarks on an unforgettable journey filled with laughter, friendship, and exciting new experiences. From swimming in the lake with her buddies to discovering the joys of horseback riding, every day at camp is a new chapter in her thrilling story. With the Golden Toilet Seat award up for grabs and the grand talent show on the horizon, Mia's summer is sure to be packed with fun and surprises. Grab your backpack and get ready for an adventure like no other at Camp Living Waters!

Hoʻolauna:

Welina mai i Camp Living Waters, kahi i hoʻokō ʻia ai nā moeʻuhane o ke kauwela a ke kali nei nā huakaʻi ma ke kihi! E hui pū me Mia i kona hoʻomaka ʻana i kahi huakaʻi poina ʻole i piha i ka ʻakaʻaka, ka pilina, a me nā ʻike hou. Mai ka ʻauʻau ʻana i ka loko me kāna mau hoa a hiki i ka ʻike ʻana i ka hauʻoli o ka holo lio, ʻo kēlā me kēia lā ma kahi hoʻomoana he mokuna hou o kāna moʻolelo hoihoi. Me ka makana ʻo Golden Toilet Seat no ka hopu ʻana a me ka hōʻikeʻike kālena nui ma ka ʻaoʻao, ʻoiaʻiʻo e piha ke kauwela o Mia i nā leʻaleʻa a me nā mea kupanaha. E hopu i kāu ʻeke a hoʻomākaukau no kahi huakaʻi e like me nā mea ʻē aʻe ma Camp Living Waters!

Dedication:

To Camp Living Waters, the magical place where my childhood summers were filled with joy, laughter, and unforgettable adventures. This story is a tribute to the friendships forged, the lessons learned, and the countless memories that continue to inspire me. Thank you for being the backdrop of my happiest days and for sparking a love of storytelling in my heart. This book is for all the campers, past and present, who find a piece of magic in its waters.

Hoʻolaʻa:

I Camp Living Waters, kahi kupua kahi i hoʻopiha ʻia ai koʻu wā kamaliʻi me ka hauʻoli, ka ʻakaʻaka, a me nā hanana poina ʻole. He hoʻohiwahiwa kēia moʻolelo i nā hoaaloha i hoʻopaʻa ʻia, nā haʻawina i aʻo ʻia, a me nā hoʻomanaʻo lehulehu e hoʻomau mau nei iaʻu. Mahalo iā ʻoe no kou lilo ʻana i hope o koʻu mau lā hauʻoli loa a no ka hoʻāla ʻana i ke aloha o ka moʻolelo i loko o koʻu puʻuwai. ʻO kēia puke no ka poʻe hoʻomoana a pau, i hala a i kēia manawa, i loaʻa kahi ʻāpana kilokilo i loko o kona wai.

It was the first day of summer camp at Camp Living Waters, and the sun was shining brightly. Mia hopped off the bus with excitement. She couldn't wait to see what adventures awaited her.

‘O ia ka lā mua o ke kauwela ho‘omoana ma Camp Living Waters, a ‘ālohilohi ka lā. Ua lele ‘o Mia mai ke ka‘a mai me ka hau‘oli. ‘A‘ole hiki iā ia ke kali e ‘ike i nā hanana e kali nei iā ia.

Mia found out she was in Cabin Pine with her friends from last year. She met her counselor, Sarah, who was super friendly and full of energy.

Ua ʻike ʻo Mia aia ʻo ia ma Cabin Pine me kāna mau hoaaloha mai ka makahiki i hala. Ua hālāwai ʻo ia me kona kākāʻōlelo, ʻo Sarah, ka mea aloha a piha i ka ikaika.

The first thing Mia did was unpack and choose her bunk. She picked the top bunk, feeling like she was on top of the world.

'O ka mea mua a Mia i hana ai, 'o ia ka wehe a koho i kona wahi moe. Ua koho 'o ia i ka moena ki'eki'e, me he mea lā aia 'o ia ma luna o ka honua.

Next, Mia headed to the camp store to fund her account. The shelves were lined with candy, and she bought some gummy worms, her favorite treat.

Ma hope aʻe, hele ʻo Mia i ka hale kūʻai hoʻomoana no ke kālā kālā. Ua hoʻopaʻa ʻia nā papa me ka lole, a kūʻai ʻo ia i nā ilo gummy, kāna meaʻai punahele.

At the sign-up table, Mia learned about all the activities available. There was swimming, woodworking, leather crafts, cooking, nature walks, and so much more! Mia was especially excited about the horse riding lessons.

Ma ka papa inoa inoa, ua aʻo ʻo Mia e pili ana i nā hana āpau i loaʻa. Aia ka ʻauʻau, ka hana lāʻau, ka hana ʻili, ka kuke ʻana, ka hele kūlohelohe, a me nā mea hou aku! Ua hauʻoli loa ʻo Mia i nā haʻawina holo lio.

The bell rang, and everyone gathered around the flagpole for the camp song. **"Camp Living Waters, where dreams come true, adventures waiting just for you!"**

Ua kani ka bele, a ua ʻākoakoa nā mea a pau
a puni ka pahu hae no ke mele hoʻomoana.
"Camp Living Waters, kahi i hoʻokō ʻia ai nā
moeʻuhane, nā huakaʻi e kali nei iā ʻoe!"

After breakfast, it was time for the first
and second activities.

Ma hope o ka ʻaina kakahiaka, ʻo ia ka manawa no ka hana mua a me ka lua.

Mia chose swimming. She loved the
buddy system as she swam in the lake
with her new friend, Lily.

Ua koho ʻo Mia i ka ʻauʻau. Ua makemake ʻo ia i ka ʻōnaehana hoa i kona ʻau ʻana i ka loko me kāna hoa hou ʻo Lily.

Every day, the cabins had inspections. The cleanest cabin was awarded the Golden Toilet Seat for the day. Cabin Pine won it twice.

I kēlā me kēia lā, loaʻa ka nānā ʻana o nā keʻena. Ua hāʻawi ʻia ka hale lole maʻemaʻe loa i ka Seat Toilet Golden no ka lā. Ua lanakila ʻelua ʻo Cabin Pine.

During free time, the camp store opened. Mia enjoyed her gummy worms and chatted with her friends. The store was a fun place to hang out.

I ka wā ka'awale, wehe ka hale kū'ai ho'omoana. Ua hau'oli 'o Mia i kāna mau ilo gummy a kama'ilio pū me kāna mau hoaaloha. He wahi le'ale'a ka hale kū'ai e kau ai.

The third activity for Mia was music. She learned about the flute.

‘O ke kolu o ka hana a Mia he mele. Ua a‘o ‘o ia e pili ana i ka ‘ohe.

After lunch, it was mail call then quiet time. Everyone relaxed reading or writing letters home. Mia wrote to her parents about all the fun she was having.

Ma hope o ka ʻaina awakea, ʻo ia ka leka uila a laila ka manawa mālie. Hoʻomaha nā kānaka a pau i ka heluhelu ʻana a i ʻole ke kākau ʻana i nā leka i ka home. Ua kākau ʻo Mia i kona mau mākua e pili ana i nā leʻaleʻa a pau āna i loaʻa ai.

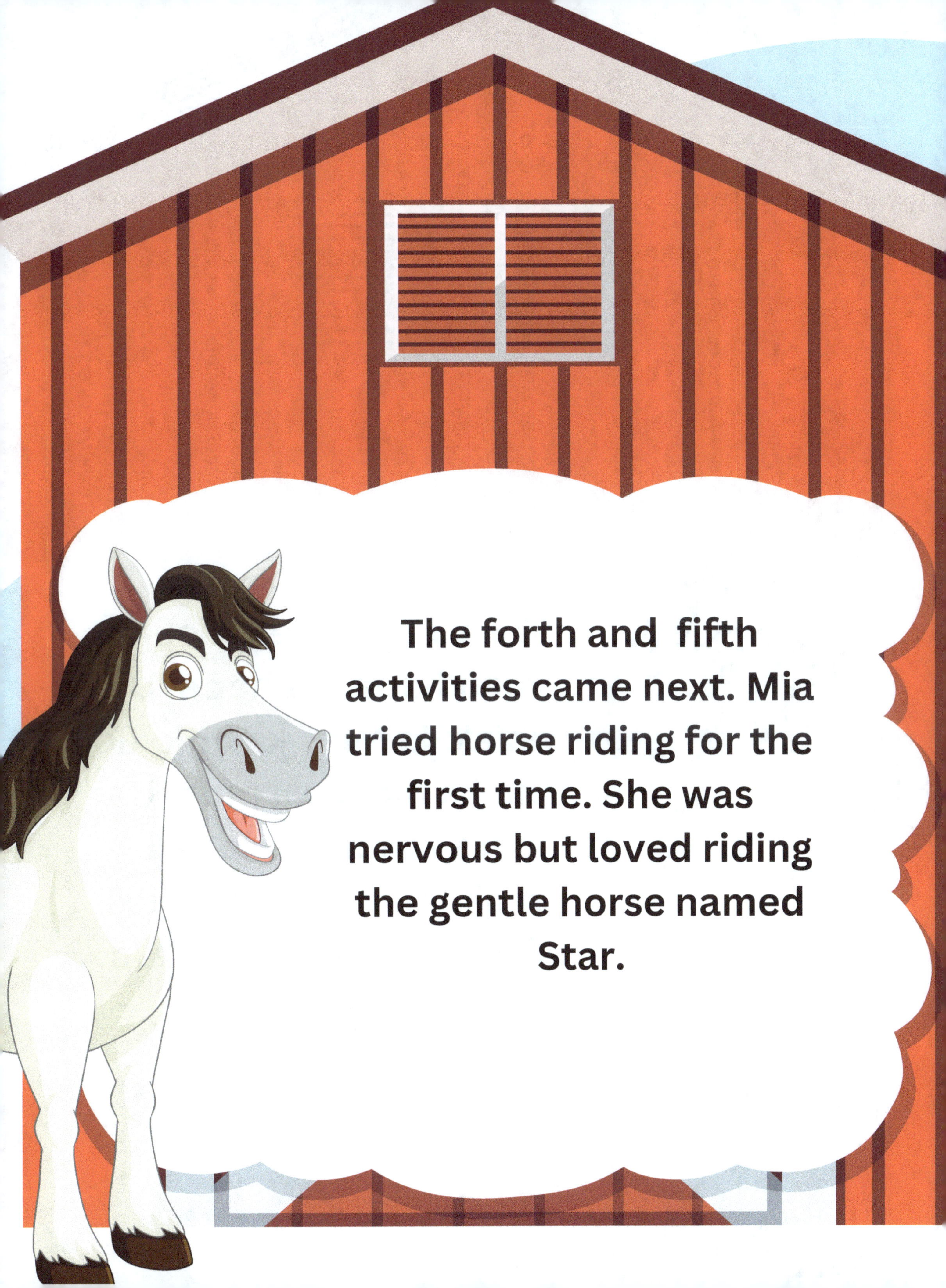
The forth and fifth activities came next. Mia tried horse riding for the first time. She was nervous but loved riding the gentle horse named Star.

'O ka 'ehā a me ka 'elima mau hana ma hope. Ua ho'ā'o 'o Mia i ka holo lio no ka manawa mua. Ua hopohopo 'o ia akā makemake 'o ia e holo i ka lio mālie i kapa 'ia 'o Star.

Mia learned how to brush Star's mane and feed her apples. She felt a special bond forming with Star.

Ua aʻo ʻo Mia i ke kāhili ʻana i ka mane o Star a me ka hānai ʻana i kāna mau ʻāpala. Ua manaʻo ʻo ia i kahi pilina kūikawā me Star.

When dinner was over, it was time for the talent show. Mia couldn't wait to see everyone's performances. Some kids sang, some danced, and others told jokes.

I ka pau ʻana o ka ʻaina ahiahi, ʻo ia ka
manawa no ka hōʻikeʻike kālena. ʻAʻole hiki
iā Mia ke kali e ʻike i nā hana a nā mea a
pau. Hīmeni kekahi mau keiki, hula kekahi,
a haʻi ʻakaʻaka kekahi.

Mia and her friends did a funny tune that made everyone laugh. The audience clapped and cheered loudly for them.

Hana ʻo Mia a me kāna mau hoa i kahi leo ʻakaʻaka i ʻakaʻaka nā kānaka a pau. Paʻipaʻi a ʻoliʻoli nui nā anaina no lākou.

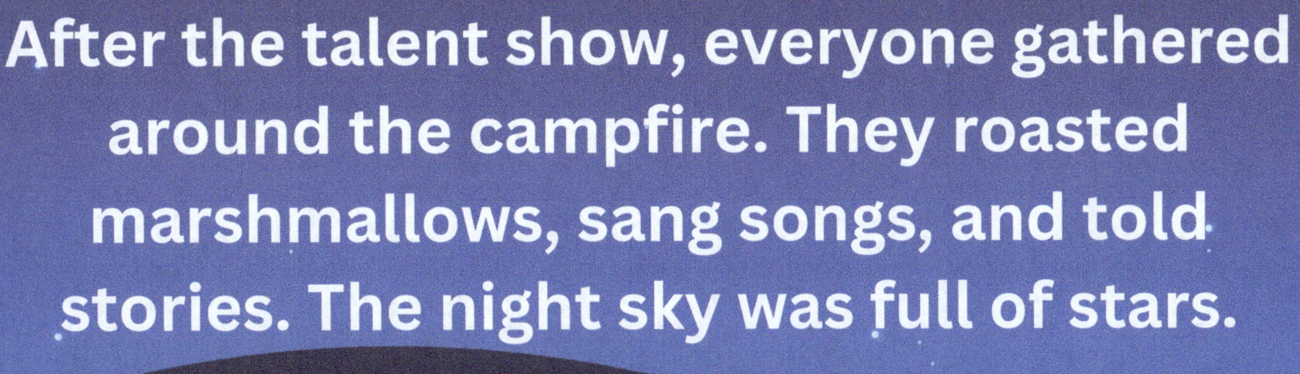

After the talent show, everyone gathered around the campfire. They roasted marshmallows, sang songs, and told stories. The night sky was full of stars.

Ma hope o ka hōʻikeʻike kālena, ʻākoakoa nā mea a pau a puni ke ahi hoʻomoana. Ua kālua lākou i nā marshmallows, hīmeni i nā mele, a haʻi moʻolelo. Ua piha ka lani i nā hōkū.

Back in her bunk, Mia talk to her friends about the day's adventures. She couldn't wait to see what tomorrow would bring at Camp Living Waters.

Ma hope o kona moena moe, kama'ilio 'o
Mia me kāna mau hoaaloha e pili ana i nā
huaka'i o ka lā. 'A'ole hiki iā ia ke kali e 'ike
i nā mea e lawe mai i ka lā 'apōpō ma
Camp Living Waters.

The next morning, it was the same happy routine around the flagpole. Each day was filled with new activities and fun surprises.

I ke kakahiaka a'e, 'o ia ka hana hau'oli like a puni ka pahu hae. Ua piha kēlā me kēia lā i nā hana hou a me nā mea le'ale'a.

Mia chose science and learned about planets!

Ua koho ʻo Mia i ka ʻepekema a aʻo e pili ana i nā hōkū!

In the afternoon, Mia couldn't wait to return to the stables. She learned how to saddle Star and practiced trotting around the paddock.

I ka ʻauinalā, ʻaʻole hiki iā Mia ke kali e hoʻi
i ka hale kūʻai. Ua aʻo ʻo ia i ka noho lio ʻo
Star a hoʻomaʻamaʻa ʻo ia i ka holoholo
ʻana a puni ka pā.

In art class, Mia and Kami made a beautiful painting together.

Ma ka papa hana no'eau, hana pū 'o Mia
lāua 'o Kami i kahi pena ki'i nani.

The days flew by with so many activities. Each night ended with the cozy campfire, where everyone shared their favorite moments of the day.

Ua hala nā lā me nā hana he nui. Hoʻopau ʻia kēlā me kēia pō me ke ahi ʻoluʻolu, kahi i hōʻike ai nā mea a pau i kā lākou mau manawa punahele o ka lā.

Mia loved spending time at the stables.
She learned how to clean the horses'
hooves and even helped with feeding
them hay and grain.

Makemake ʻo Mia e hoʻolimalima manawa ma ka hale ʻai. Ua aʻo ʻo ia i ka hoʻomaʻemaʻe ʻana i nā maiuu o nā lio a ua kōkua pū i ka hānai ʻana iā lākou i ka mauʻu a me ka palaoa.

Sarah taught Mia and the other campers how to ride bareback. It was a bit tricky at first, but Mia soon got the hang of it.

Ua aʻo ʻo Sarah iā Mia a me nā poʻe hoʻomoana ʻē aʻe i ka holo kaʻa ʻole. He mea paʻakikī i ka wā mua, akā ua loaʻa koke ʻo Mia i ke kaula.

The end of the week talent show was the highlight. This time, Mia performed a dance with some of her bunkmates, and they all wore matching costumes.

‘O ka hopena o ka pule ka hō‘ike‘ike kālena ka mea nui. I kēia manawa, ua hula ‘o Mia me kekahi o kona mau hoa moe, a ua ‘a‘ahu lākou a pau i nā ‘a‘ahu like.

On the last day, they had a big feast. The dining hall was filled with laughter and stories from the week.

I ka lā hope, he ʻahaʻaina nui kā lākou. Ua piha ka hale ʻaina i ka ʻakaʻaka a me nā moʻolelo o ka pule.

At the closing ceremony, each camper received a special badge. Mia got hers for horse riding. She felt so proud of her accomplishments.

Ma ka ʻaha hoʻopau, ua loaʻa i kēlā me kēia mea hoʻomoana kahi hōʻailona kūikawā. Ua loaʻa iā Mia no ka holo lio. Haʻaheo loa ʻo ia i kāna mau hana.

Mia promised to write letters until next summer. It was hard to say goodbye, but she knew she'd be back next year.

Ua hoʻohiki ʻo Mia e kākau i nā leka a hiki i ke kauwela aʻe. He mea paʻakikī ke haʻi aku, akā ua ʻike ʻo ia e hoʻi mai ana i kēia makahiki aʻe.

As she boarded the bus home, Mia
talked about all her favorite memories.
Camp Living Waters had given her the
best summer ever.

I kona kau ʻana i ke kaʻa i ka home, ua kamaʻilio ʻo Mia e pili ana i kāna mau hoʻomanaʻo punahele. Ua hāʻawi ʻo Camp Living Waters iā ia i ke kauwela maikaʻi loa.

Mia looked out the window and waved goodbye to the camp. "See you next summer, Camp Living Waters!" she shouted.

Nānā aʻela ʻo Mia i waho o ka puka makani a hoʻokipa maikaʻi i ke kahua hoʻomoana. "E ʻike iā ʻoe i ke kauwela aʻe, Camp Living Waters!" Ua hoʻōho ʻo ia.

She knew that next summer would bring even more fun and adventures. Camp Living Waters was her favorite place in the whole world.

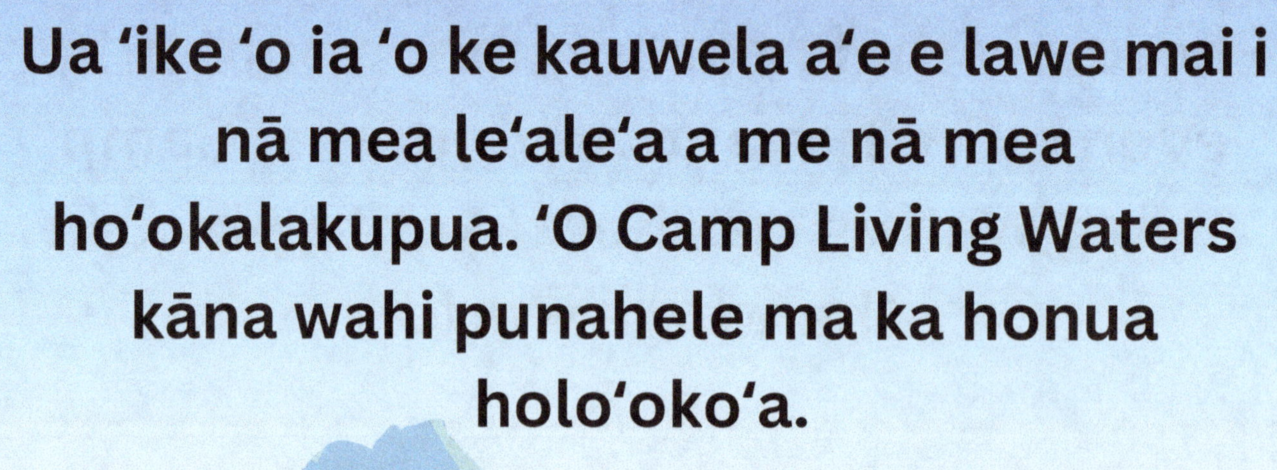

Ua ʻike ʻo ia ʻo ke kauwela aʻe e lawe mai i nā mea leʻaleʻa a me nā mea hoʻokalakupua. ʻO Camp Living Waters kāna wahi punahele ma ka honua holoʻokoʻa.

She couldn't wait to tell her parents about the buddy swims, the crafts, the nature walks, and especially the horse riding adventures with Star.

'A'ole hiki iā ia ke kali e ha'i i kona mau mākua e pili ana i ka 'au'au hoa, ka hana lima, ka hele 'ana o ke 'ano, a 'oi aku ho'i i nā huaka'i holo lio me Star.

The End.
Until next summer at
Camp
Living Waters

Ka hopena.

A hiki i ke kauwela aʻe ma

Ka Wai Ola

Camp Living Waters is a real summer camp located in the small town of Luther, Michigan. Renowned for its rich tradition of fostering adventure, friendship, and personal growth, it offers an array of exciting activities for kids of all ages. To learn more about this magical place and how to sign up for your own summer of fun, visit their website at www.camplivingwaters.org.

Welcome to Camp Living Waters!

Nestled in the heart of Luther, Michigan, Camp Living Waters is the ultimate summer destination for kids seeking adventure, friendship, and unforgettable memories. Join Mia as she dives into a whirlwind of fun-filled activities, from swimming in the crystal-clear lake to mastering the art of horseback riding. Each day is a new opportunity for excitement, whether it's winning the coveted Golden Toilet Seat for the cleanest cabin, crafting unique leather creations, or showcasing talents at the end-of-week show.

This charming tale captures the essence of summer camp magic, where every sunrise brings the promise of new adventures and every sunset wraps up another perfect day. "Mia's Whirlwind Adventures at Camp Living Waters" is a heartwarming story that celebrates the joys of summer, the bonds of friendship, and the spirit of exploration. Join us at Camp Living Waters, where dreams come true and memories last a lifetime.

Books By Schaaf

www.BookBySchaaf.com

Find us at: